TRAUMHAFTE ORTE

MALBUCH FÜR ERWACHSENE

**Mit wundervollen Bildern
neue Horizonte entdecken**

Jérôme Meyer-Bisch

h.f.ullmann

Originaltitel: Art Thérapie 100 lieux mythiques à colorier,
© Hachette Livre (Hachette Pratique), Paris 2013
Illustrationen von Jérôme Meyer-Bisch

Copyright dieser Ausgabe: © Ullmann Medien GmbH, Birkenstraße 10, D-14469 Potsdam
Gesamtherstellung: Ullmann Medien GmbH, Potsdam
Umschlaggestaltung: Stefanie Brüssel nach dem Originalcover von Nicole Dassonville
Übersetzung: Regina Enderle

ISBN: 978-3-7415-2098-3

Das Reisen

Das Reisen ist eine Mahlzeit, die nie den Hunger stillt. Diese Worte könnten aus dem Mund des Schriftstellers und Abenteurers Blaise Cendrars stammen. Dieser Idee stimme ich vollkommen zu. Seit meinem ersten Aufenthalt in der Ferne träume ich davon, die ganze Welt zu sehen. Meine Zeichnungen sind eine Art Reiseersatz. Denn obwohl der Koloss von Rhodos und der Leuchtturm von Alexandria schon seit langem verschwunden sind, gibt es auf der Welt immer noch eine Vielzahl von Wundern zu bestaunen.

Einige wundervolle Orte sind auf diesen Seiten versammelt. Sie sind eine sehr persönliche, keinesfalls vollständige Auswahl: Es gibt so viel zu sehen. Die heutigen Weltwunder sind so viel mehr als bloße Touristenattraktionen. Sie sind architektonische Heldentaten, sie zeugen von Kulturen, Menschen, Kunst, von wunderbaren Tieren und Naturschauspielen. Fantasievorstellungen und Erlebtes vermischen sich in den Zeichnungen.

Das vorliegende Buch ist eine Art imaginäres Reisetagebuch in Form von Zeichnungen. Es enthält nicht nur weltbekannte Orte, sondern auch weniger berühmte Stätten, die in uns den Geist des Abenteurers und Forschers wecken Bemerkenswert sind sie alle und sie zeugen vom Reichtum unserer Welt. Sei es New York in den Augen King Kongs oder die Souks von Marrakesch oder der Eiffelturm: Wählen Sie ein Reiseziel und werden Sie zum Phileas Fogg des Farbstifts, zum Christoph Kolumbus des Malkastens, denn Farben spielen eine entscheidende Rolle für den Eindruck von Exotik und das Entdecken neuer Horizonte.

Jérôme Meyer-Bisch

Jérôme Meyer-Bisch

studierte an der Hochschule für Kunst in Épinal und der Hochschule für Kunstgewerbe in Straßburg. Er arbeitete in den Bereichen der gewerblichen Illustration und der visuellen Kommunikation, vor allem für Hermès und Le Tanneur. Gleichzeitig war er auch für Presse, Verlagswesen und Internetseiten tätig. Er schuf unter anderem die Hauptfigur der Internetseite Merci Alfred.

www.jeromemeyerbisch.com

Hast und Eile sind selten gut.

Niederländisches Sprichwort

Mit jedem Tag des Lebens
kommt ein Stück Weisheit hinzu.

Vietnamesisches Sprichwort.

Das Leben ist so kurz,
dass wir uns sehr langsam
bewegen müssen.

Thailändisches Sprichwort

Die Architektur ist die erstarrte Musik.

Friedrich Wilhelm Joseph von Schelling

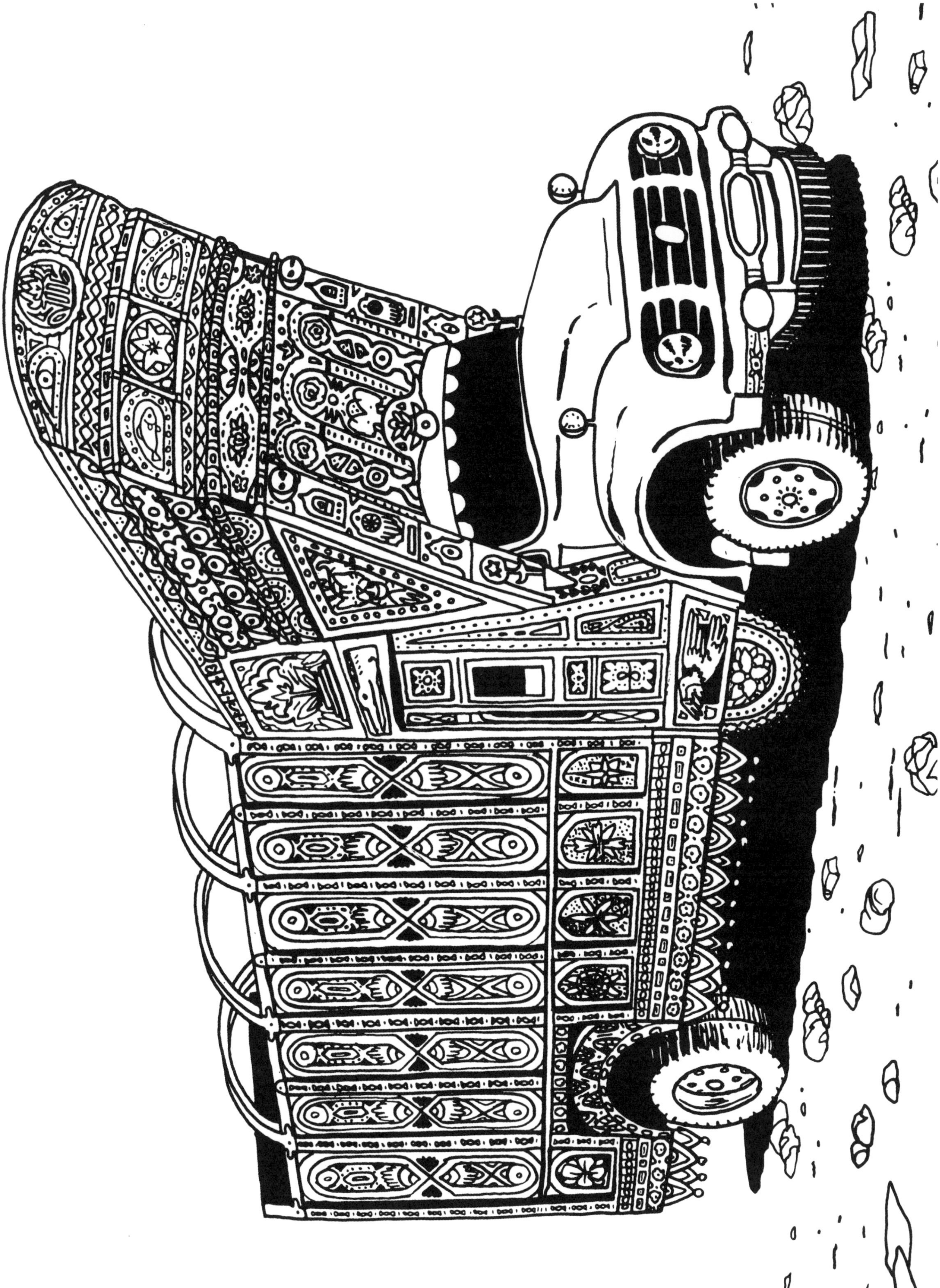

Deine Bestimmung kannst du nicht finden, sie findet dich, wenn du bereit dazu bist.

Asiatisches Sprichwort

Die Schildkröte gewinnt das Rennen,
während der Hase schläft.

Aesop

Die unbekannten Wege
sind die Geschenke des Lebens.

Australisches Sprichwort

Die größte Sehenswürdigkeit,
die es gibt, ist die Welt – sieh sie dir an.

Kurt Tucholsky

Berlin ist mehr ein Weltteil
als eine Stadt.

Jean Paul

Wenn du jemanden ohne Lächeln siehst,
gib ihm deines.

Myanmarisches Sprichwort

Schön ist nicht, was man sieht,
sondern was man träumt.

Belgisches Sprichwort

Egal, wie lang die Nacht ist,
der Morgen kommt sicher.

Kongolesisches Sprichwort

Denke an das Herausgehen,
ehe du hineingehst.

Arabisches Sprichwort

Der Grund, warum Vögel fliegen können und wir nicht, ist der, dass sie voller Zuversicht sind, und wer zuversichtlich ist, dem wachsen Flügel.

James Matthew Barrie

Besser irgendwas als gar nichts.

Kroatisches Sprichwort

Die Welt gehört dem, der handelt.

Arabisches Sprichwort

Die Hoffnung treibt den Menschen
jeden Tag zu neuem Schaffen an.

Ägyptisches Sprichwort

Der Abenteurer ist unentbehrlich,
das wird allerdings erst erkannt,
wenn sich herausstellt,
dass er Amerika entdeckt hat.

Ludwig Marcuse

Eine Schildkröte kann nicht laufen, wenn sie nicht den Kopf aus ihrem Panzer streckt.

Guyanisches Sprichwort

Alles kommt zu dem, der warten kann.

Chilenisches Sprichwort

Ein Augenblick der Seelenruhe
ist besser als alles, was du sonst
erstreben magst.

Iranisches Sprichwort

Jedes Lachen vermehrt
das Glück der Erde.

Jonathan Swift

Die Seele ist das Schiff, Vernunft das
Steuer und die Wahrheit der Hafen.

Türkisches Sprichwort

Wer lächelt, statt zu toben,
ist immer der Stärkere.

Japanisches Sprichwort

N22.01

Ich mache langsam,
weil ich keine Zeit habe.

Kubanisches Sprichwort

Lebenskünstler wissen, dass es vor allem darauf ankommt, sich mit den richtigen Leuten zu vergleichen.

Henrik Ibsen

Der Hase springt, wenn du
es am wenigsten erwartest.

Honduranisches Sprichwort

Jeder Weg trifft einmal einen anderen Weg.

Madagassisches Sprichwort

Alles ist gut, was gut endet.

Maltesisches Sprichwort

Ausdauer durchbohrt Marmor.

Marokkanisches Sprichwort

Von denen, die wollen, wird mehr
erreicht als von denen, die können.

Mexikanisches Sprichwort

Besser ein dummer Wanderer
als ein Weiser, der zu Hause sitzt.

Mongolisches Sprichwort

Den Schritt muss man dem
Bein anpassen.

Französisches Sprichwort

Die Aufmerksamkeit ist
das Gedächtnis des Herzens.

Französisches Sprichwort

Die große Chance kommt,
wenn du sie herbeiführst.

Amerikanisches Sprichwort

Москва

Sei groß, aber höre auch auf
das Kleine.

Russisches Sprichwort

Wir brauchen die Nächte,
um die Sterne zu entdecken.

Amerikanisches Sprichwort

Der Wanderer hat keinen Weg,
der Weg entsteht beim Gehen.

Argentinisches Sprichwort

Wenn du's nicht bessern kannst,
lass es, wie es ist.

Peruanisches Sprichwort

Wenn das Schicksal dir nicht passt,
passe dich ans Schicksal an.

Jordanisches Sprichwort

Die Welt ist ein Buch. Wer nie reist,
sieht nur eine Seite davon.

Augustinus von Hippo

Denke an viele Dinge, aber tu nur eins zur gleichen Zeit.

Portugiesisches Sprichwort

Geduld bringt Rosen.

Tschechisches Sprichwort

Eile ist die Mutter
der Unvollkommenheit.

Brasilianisches Sprichwort

Tu erst das Notwendige, dann das Mögliche – und plötzlich schaffst du das Unmögliche.

Franz von Assisi

Dr Air Main
Martens
STEEL
BUREAU DE CHANGE
UNIT to LET
CHEAP SOUVENIRS
Leather Garments
Souvenirs & Access
Martens
Bureau de Change Vintage Child
RITE MARKET
CAFÉ
BENJAM
COFFEE

Die Welt gehört denen, die zu ihrer Eroberung ausziehen, bewaffnet mit Sicherheit und guter Laune.

Charles Dickens

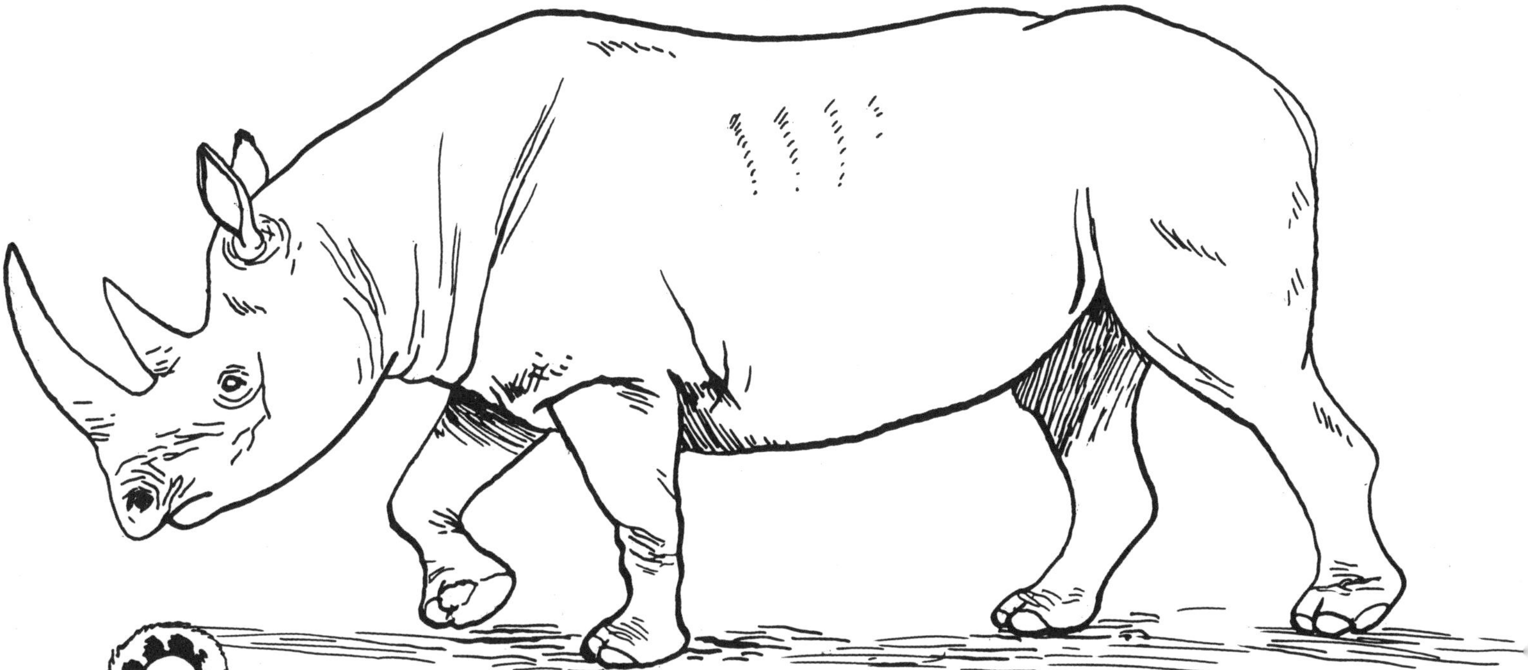

Das Gras wächst nicht schneller,
wenn man daran zieht.

Afrikanisches Sprichwort

Die Wege der Weisheit führen
durch die Wüste.

Sprichwort der Tuareg

Man kann nicht denken,
wenn man es eilig hat.

Platon

Über Vergangenes mache dir
keine Sorge, dem Kommenden
wende dich zu.

Chinesisches Sprichwort

Was immer du tust, tu es
mit einem Lächeln.

Sprichwort aus Sri Lanka

Wer zu lange gegen Drachen kämpft,
wird selbst zum Drachen.

August Strindberg

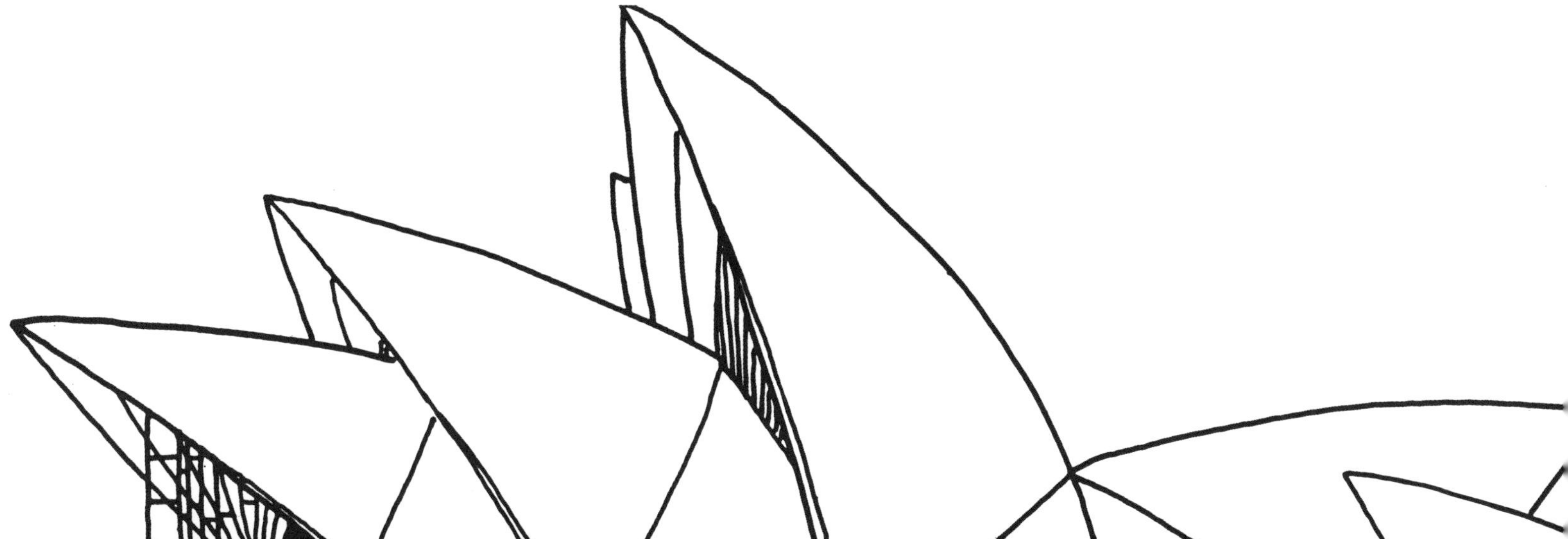

Achte den Augenblick und genieße ihn,
er ist das Beste, was wir haben,
und das Einzige, was vergeht.

Australisches Sprichwort

Das Lächeln, das du aussendest,
kehrt zu dir zurück.

Indisches Sprichwort

Dem Geduldigen laufen die Dinge zu,
dem Eiligen laufen sie davon.

Nepalesisches Sprichwort

Heiterkeit ist ein Universalheilmittel.

Italienisches Sprichwort

Für das Können gibt es nur einen
Beweis: das Tun.

Marie von Ebner-Eschenbach

THE ROCK

Nach und nach wird aus wenig viel.

Tansanisches Sprichwort

Paris ist eigentlich Frankreich.
Dieses ist nur die umliegende
Gegend von Paris.

Heinrich Heine

Traumhafte Orte

Grachten in Amsterdam

Dschunke in der Bucht von Halong, Vietnam

Wat Arun, Bangkok, Thailand

La Sagrada Familia, Barcelona, Spanien

Ein verzierter Lastwagen in Islamabad, Pakistan.

Galapagos-Schildkröte

Great Barrier Reef, Australien

Schloss Neuschwanstein

Oberbaumbrücke, Berlin

Tempelstadt von Bagan, Myanmar

Grand Place in Brüssel, Belgien

Ein Silberrücken im Tropenwald des Kongo.

Umayyaden-Moschee, Damaskus, Syrien

Eilean Donan Castle, Schottland

Dubrovnik, Kroatien

Burj Khalifa in Dubai, Vereinigte Arabische Emirate

Gizeh, Kairo, Ägypten

Golden Gate Bridge, San Francisco

Dschungel, Guyana

Osterinsel, Chile

Imamzadeh Salih Schrein, Teheran, Iran

Der Damm des Riesen, Irland

Blaue Moschee, Istanbul, Türkei

Gojû-no-tô von Murô-ji, Präfektur Nara, Japan

Altstadt von Havanna, Kuba

Lofoten, Norwegen

Aras, Honduras

Baobabs auf Madagaskar

Marsaxlokk, Malta

Souk in Marrakesch, Marokko

Tulum, Mexiko

Adlerdressur, Bayan Olgii, Mongolei

Mont-Blanc, Frankreich

Mont Saint-Michel, Frankreich

Monument Valley, Arizona und New Mexico, USA

Basilius-Kathedrale, Moskau

New York aus der Sicht von King Kong, USA

Cerro Torre, Patagonien, Argentinien

Machu Picchu, Peru

Petra, Jordanien

Antarktis

Ansicht von Porto, Portugal

Karlsbrücke, Prag, Tschechien

Cristo Redentor, Rio de Janeiro, Brasilien

Kolosseum, Rom, Italien

Camden Town, London

Safari in Namibia

Tuaregs, Sahara

Oia, Santorin, Griechenland

Panda im Bambuswald in Sechuan, China

Fischer auf Hochsitzen, Sri Lanka.

Place Stortorget, Stockholm, Schweden

Opernhaus von Sydney, Australien

Taj Mahal, Indien

Gebetsfahnen, Nepal

Santa Maria della Salute, Venedig, Italien

Votivkirche in Wien, Österreich

The Rock, Sansibar, Tansania

Eiffelturm, Paris.